はじめに

暑さが厳しくなろうとしていた今年（二〇二三年）七月初めのある日、一通のメールが私のパソコンにとどいた。

神戸学生青年センタの飛田理事長からのメールだった。「飛田です。お元気ですか。今年は関東大震災が起きて、ちょうど一〇〇年になります。いつも送ってくれている会報に、関東大震災下に起きた「ろう者」の悲劇の記述がありますが、あらためて当センターが九月二十七日に実施するセミナーで語ってくれませんか――」と単刀直入。

すぐさま、その可否を伝えないといけないと考え、予定を記した日誌を確認すると、空白だったので「承諾しました」と入力して返信した。

二日後、飛田理事長から「お礼」のメールと、参加者募集のための「チラシ」の原案を作ってくれないかと、無茶な依頼メールが届いた。しぶしぶパソコンと格闘を続け、何とかチラシ原案を作って送信。翌日、飛田理事長から若干の訂正の指示があったが、チラシの出来栄えはグッドと絶賛してくれた。

前後するが、関東大震災下に起きた「ろう者」

惨殺の出来事を知る人は、関係者の中でも少ない。歴史の「闇」に葬られていると言って過言ではない。多くの研究者による調査にも出てこないだけでなく、文字記録（証言集や書籍）はもとより、非文字記録（映像と絵画）が、ほとんどない。

もし、関東大震災を経験した「ろう者」がいても、その体験談は手話でしか語られず、その手話証言を読み取る通訳者がいなかったことや、文字化しようと思い付く人たちもいなかった ― そんなことを考えてしまう。もちろん、ビデオカメラもなかった。当時の手話通訳者は「手話通事」と呼ばれ、ろう学校の教師や元教師が務め、刑事事件を起こした「ろう者」の通事に従事することが多かった。もちろん、その人数は限られていた。

ところで、大震災下に起きた「ろう者惨殺」を、不都合なこととして意図的に伏せてしまったとしたら ― 文字記録などは存在しない。そんなこともあり得るのではないか ―。この年齢になると、何かと深読みをしたくなるものだ。

関東大震災下の「ろう者」殺害の文字記録がないのは、当事者と関係者の証言が手話だけだったことが大きな理由だと考えている。「手話は言語」だと言われているが、手話は文字を持たない言語であるため、記録と継承に困難をともなう。

ここで、私は手話は劣った言語だとは言っていない。言語には優劣が存在しないことは、言語学の定説だ。長年にわたる言語学の研究から導き出した結論で、その経緯と詳細な内容には、今回言及しない。その説明だけで、限られた紙幅をオーバーするからである。

さて、飛田理事長と私は、旧知の仲。

私が伊丹市立中央公民館で講座などを企画していた頃、神戸大学農学部の保田茂（前神戸学生青年センター理事長）先生や教養部の中川保雄先生（放射線被曝の歴史研究）を紹介してくれたのが、飛田理事長だった。当時の飛田さんは、神戸学生青年センターの館長を務めていた。

飛田館長が理事長に就任前の二〇一九年五月（前期）と十一月（後期）にわたり、「韓国手話」講座を企画してくれた。私は、若い頃から韓国手話と日本手話がよく似ていることは知っていたが、似ていない手話表現もあるため、韓国手話の基本だけでも学びたいと思い、受講を続けた。講座の時間帯が夜のため、阪急六甲駅の改札口前に店を構えるカフェで腹ごしらえをした。やがて、「鮭のバター炒めご飯」が、お気に入りのメニューになった。

韓国手話講座の講師は韓国の人で、幼い頃から「ろう者の兄（画家）」と暮らし、当たり前のように手話を身に付け、兄と行動を共にしながら、韓国各地で手話通訳の経験を積み重ねた。もちろん日本手話にも精通。オーストラリアなどの留学を経て、来日後は関西圏の大学教員をしている。

ある日、在日の「ろう児」たちが、母国の韓国手話を知らないことに気づき、大阪や神戸のろう学校に足を運び、韓国手話を教えたいと申し出たが、相手にされなかった苦い経験を持つ。

さて、神戸学生青年センターの「韓国手話」講座は、韓国手話の実技と、韓国手話の語源にも詳しい講義があり、私の質問攻めに、そのつど誠実に答えてくれた。

かつて、大阪鶴橋駅の近くに「ソウル書林」という韓国書籍を専門に扱う書店があった。私は、その書店の存在を人づてに教えてもらい、韓国の二つの出版社が出している韓国手話の本を複数冊取り寄せ、独学で細々と勉強を続けていた。

これらの本に掲載されている韓国手話の写真やイラストで、大まかな手指の形は理解できるが、前後左右にどう動かし、どこで静止するのか分からなかった。ところが講座は対面なので、韓国手話独自の写像性まで、手にとるように理解できた。残念なことに新型コロナの感染拡大で、翌年の韓国手話講座は休止となり、現在に至る。

関東大震災から一〇〇年になる今年、震災直後、日本語の発声と発話に困難をともなう「ろう者」たちが、朝鮮半島出身者に間違えられ、憲兵や自警団によって惨殺された知られざる史実を、掘り起こそうとする試みはあったはずだが、残された史料がなく、深く大きな空白域を生み出している。

今から三十四年前、戦前の大阪市立聾唖学校の教師をしていた中川俊夫さんから、戦前の「ろう教育」と「ろう者の社会集団」について証言聞き取りをした。そのとき、中川さんは、それまでの表情を変えて、震災下「ろう者惨殺」を語ってくれた。でも、断片的な証言だった。それを裏付ける文字記録、あるいは非文字記録（映像や絵画）の発見を急いだが困難の連続だった。

関東大震災が起きて一〇〇年を迎える今年、これまでの成果をまとめようとしていたとき、神戸学生青年センターからのセミナー企画と、講師依頼が飛び込んで来た。それに加えて、私がセミナーで語った内容を出版したいと申し出もあった。感謝の言葉しかない。あらためて講演内容に筆を加え、この提案に応えるのが、私の使命だ。

　この使命を果たさないのなら、震災で犠牲になった「ろう者」たちの無念の死は、永遠に歴史の闇に消えてしまう。多くの人たちが本書を手に取り、読んでいただくことを願ってやまない。

　ろう者とは、耳のきこえない人々のこと。古代中国の神獣「龍」の耳がきこえないことから、龍の文字の下に、耳の字を添え「聾」（ロン）とした。ロンの発音が悠久の時を経て、ロウとなった。かつて、聾唖者と表現した。唖（ア）とは、話すことができない人々のこと。耳がきこえない一次障がいは、話すことができない二次障がいをもたらす。このことから「聾唖（ろうあ）」と表現された。ところが、ろう学校での発声訓練や人工内耳などの教育と医学の進歩で、唖の部分が、ずいぶんと解消されつつあり、今では「ろう者」と表現したり、単に「聴覚障がい者」と表記するケースがある。参考までに。

神戸学生青年センター出版部・出版案内　2024.6

＜ブックレット＞

成川順
南京事件フォト紀行
2011.12 A4 96 頁 560 円

宮内陽子
生徒と学ぶ戦争と平和
2011.12 A4 80 頁 560 円

浄慶耕造
国産大豆で、醤油づくり
2010.12 A4 24 頁 320 円

大森あい
自給自足の山村暮らし
2009.4 A4 36 頁 320 円

竹内康人編
朝鮮人強制労働企業 現在名一覧
2012.2 A4 26 頁 240 円

高作正博著・「高作先生と学ぶ会」編
ブックレット・高作先生と学ぶ会 NO.1
「2017 年通常国会における改憲論議—転換点としての 5 月 3 日」
2018.1 A5 56 頁 500 円

飛田雄一著
阪神淡路大震災、そのとき、外国人は？
2019.7 ISBN978-4-906460-50-2 B5 58 頁 410 円

神戸港における戦時下朝鮮人・中国人強制連行を調査する会編
＜資料集＞アジア・太平洋戦争下の「敵国」民間人抑留—神戸の場合—
2022.4 ISBN978-4-906460-62-5 A4 56 頁 600 円

松田妙子著/西本千恵子・飛田雄一編
松田妙子エッセイ集（改訂版）「いつか真珠の輝き」
2023.4 ISBN978-4-906460-67-0 B5 123 頁 800 円

藤井裕行著
歴史の闇に葬られた手話と口話
関東大震災下で起きた「ろう者」惨殺の史実を追う
2023.10 ISBN978-4-906460-69-4
B5 56 頁 600 円

神戸学生青年センター朝鮮語講座
ブックレット①
ハンサルリム宣言（品切）
B5 28 頁 100 円

在日朝鮮人運動史研究会関西部会編
シンポジウム＜在日朝鮮人史研究の現段階＞資料集（品切）
B5 52 頁 300 円

神戸学生青年センター編
11・27神戸朝鮮人生活権擁護闘争・資料集（品切）
B5 31 頁 300 円

ブックレット版はいずれも送料 250 円をあわせてご送金ください

●

梶村秀樹
解放後の在日朝鮮人運動
1980.7 ISBN978-4-906460-51-9 A5 103 頁 600 円

金慶海・洪祥進・梁永厚

中塚明・朝鮮語講座上級グループ
教科書検定と朝鮮（品切）
B5 148 頁 800 円

田中宏・山本冬彦
現在の在日朝鮮人問題（品切）
A5 94 頁 500 円

新美隆・小川雅由・佐藤信行他
指紋制度を問う—歴史・実態・闘いの記録—（品切）
A5 200 頁 900 円

梁泰昊
サラム宣言—指紋押捺拒否裁判意見陳述—
1987.7 ISBN978-4-906460-58-8 A5 92 頁 500 円

仲村修・韓丘庸・しかたしん
児童文学と朝鮮
1989.2 ISBN978-4-906460-55-7 A5 216 頁 1100 円

朴慶植・水野直樹・内海愛子・高崎宗司
天皇制と朝鮮
1989.11 ISBN978-4-906460-59-5 A5 170 頁 1200 円

金英達・飛田雄一編
1990 朝鮮人・中国人強制連行強制労働資料集（簡易製本版）
1990.8 B5 80 頁 400 円

金英達・飛田雄一編
1991 朝鮮人・中国人強制連行強制労働資料集（品切）
1991.7 B5 209 頁 1100 円

金英達・飛田雄一編
1992 朝鮮人・中国人強制連行強制労働資料集
1992.7 ISBN978-4-906460-61-8 B5 272 頁 1400 円

金英達・飛田雄一編
1993 朝鮮人・中国人強制連行強制労働資料集（品切）
1993.7 B5 315 頁 1600 円

金英達・飛田雄一編
1994 朝鮮人・中国人強制連行強制労働資料集
1994.7 ISBN978-4-906460-26-7 B5 290 頁 1600 円

金英達編
朝鮮人従軍慰安婦・女子挺身隊資料集
1992.7 ISBN978-4-906460-60-1 B5 215 頁 1100 円

仲原良二編
国際都市の異邦人・神戸市職員採用国籍差別違憲訴訟の記録（品切）
B5 192 頁 1800 円

朴慶植・張錠寿・梁永厚・姜在彦
体験で語る解放後の在日朝鮮人運動
1989.10 ISBN978-4-906460-53-3 A5 210 頁 1500 円

キリスト教学校教育同盟関西地区国際交流委員会編
日韓の歴史教科書を読み直す—新しい相互理解を求めて—（品切）
A5 199 頁 2190 円

キリスト教学校教育同盟関西地区国際交流委員会編
【日韓合本版】日韓の歴史教科書を読み直す—新しい相互理解を求めて—
2003.12 ISBN978-4-906460-41-0 A5 427 頁 2500 円

韓国基督教歴史研究所著・信長正義訳
3・1独立運動と堤岩里教会事件
1998.5 ISBN978-4-906460-34-2 四六 252 頁 1800 円

金乙星
アボジの履歴書
1997.10 ISBN978-4-906460-33-5 A5 134 頁 2000 円

八幡明彦編

鄭鴻永
歌劇の街のもうひとつの歴史―宝塚と朝鮮人
1997.1 ISBN978-4-906460-30-4 A5 265 頁 1800 円

和田春樹・水野直樹
朝鮮近現代史における金日成
1996.8 ISBN978-4-906460-29-8 A5 108 頁 1000 円

兵庫朝鮮関係研究会・編著
在日朝鮮人 90 年の軌跡―続・兵庫と朝鮮人―
1993.12 ISBN978-4-906460-23-6 B5 310 頁 2300 円

脇本寿 （簡易製本版）
朝鮮人強制連行とわたし川崎昭和電工朝鮮人宿舎・舎監の記録
1994.6 ISBN978-4-906460-25-9 A5 35 頁 400 円

尹静慕作・鹿嶋節子訳・金英達解説
母・従軍慰安婦 かあさんは「朝鮮ピー」と呼ばれた
1992.4 ISBN978-4-906460-56-4 A5 172 頁 1000 円

金慶海・堀内稔
在日朝鮮人・生活権擁護の闘い―神戸・1950 年「11・27」闘争
1991.9 ISBN978-4-906460-54-0 A5 280 頁 1800 円

高慶日
高慶日マンガ展「二十世紀からの贈り物」
A4 44 頁 カラー 1300 円

高銀
朝鮮統一への想い
2001.9 ISBN978-4-906460-38-0 A5 30 頁 400 円

モシムとサリム研究所著／大西秀尚訳
殺生の文明からサリムの文明へ―ハンサリム宣言 ハンサリム宣言再読― ISBN978-4-906460-46-5 A5 164 頁 700 円

ジョン・レイン著、平田典子訳
夏は再びやってくる―戦時下の神戸・オーストラリア兵捕虜の手記
2004.3 ISBN978-4-906460-42-7 A5 427 頁 1800 円

深山あき
風は炎えつつ
ISBN978-4-906460-43-4 B6 209 頁 1500 円

佐渡鉱山・朝鮮人強制労働資料集編集委員会
佐渡鉱山・朝鮮人強制労働資料集
2024.6 ISBN978-4-906460-70-0 A4
184 頁 1800 円

竹内康人編著
戦時朝鮮人強制労働調査資料集増補改訂版
―連行先一覧・全国地図・死亡者名簿―
2015.1 ISBN978-4-906460-48-9 A4
268 頁 2000 円

竹内康人編
戦時朝鮮人強制労働調査資料集 2
―名簿・未払い金・動員数・遺骨・過去精算―
2012.4 ISBN978-4-906460-45-8 B5 212 頁 1900 円

強制動員真相究明ネットワーク・民族問題研究所編
日韓市民による世界遺産ガイドブック「明治日本の産業革命遺産」と強制労働
2017.11 ISBN978-4-906460-49-6 A5 88 頁 500 円

中田光信著
日本製鉄と朝鮮人強制労働―韓国大法院判決の意義―
2023.5 ISBN978-4-906460-68-7 A5 88 頁 500 円

●

白井晴美・坂本玄子・谷綛保・高橋晄正
今、子供になにが起こっているのか
1982.4 ISBN978-4-906460-57-1 A5 158 頁 600 円

竹熊宜孝・山中栄子・石丸修・梁瀬義亮・丸山博
医と食と健康（品切）
A5 132 頁 600 円

中南元・上杉ちず子・三島佳子
もっと減らせる！ダイオキシン
2000.10 ISBN978-4-906460-37-3 A5 145 頁 1200 円

●

山口光朔・笠原芳光・内田政秀・佐治孝典・土肥昭夫
賀川豊彦の全体像
1988.12 ISBN978-4-906460-52-6 A5 180 頁 1400 円

佐治孝典
歴史を生きる教会―天皇制と日本聖公会（品切）
ISBN978-4-906460-40-3 A5 165 頁 1300 円

中村敏夫
牧会五十話
1995.12 ISBN 978-4-906460-28-1 A5 177 頁 1800 円

小池基信
地震・雷・火事・オヤジーモッちゃんの半生記
1998.11 ISBN4-906460-35-9 四六 270 頁 1600 円

中村敏夫
信徒と教職のあゆみ（品切）
B6 101 頁 1500 円

●

神戸学生青年センター50 年記念誌
50 周年を迎えたセンター、次の 50 年に向かって歩みます
2023.4 ISBN978-4-906460-64-9 A4 254 頁 2000 円

まつだたえこ作人民新聞社編
貧困さんいらっしゃい
2023.4 ISBN978-4-906460-65-6 A5 155 頁 1000 円

※いずれも消費税別の価格です

【ご購入方法】

1)代金を郵便振替＜01160-6-1083 公益財団法人神戸学生青年センター＞で送金下さい。（振替手数料センター負担・別途送料（250 円～370 円）がかかります）

2)全国どこの書店でも取り寄せられます。
「地方小出版流通センター」扱いの本と言ってお近くの書店でお申し込み下さい。

3)Amazon、学生センターロビーでも購入いただけます。

…学生青年センター出版部
…TEL 078-891-3018 FAX 891-3019

B5 146 頁 1600 円
（簡易製本版） B5 146 頁 1000 円

目次

手話通訳者は添え物ではない

私が、手話と出会ったのは、今から五〇年前にさかのぼる。伊丹市役所に採用され、最初に配属された職場が障がい福祉課だった。六月のある日、大雨が続き、被害状況を調べるように指示されたものの、市内の地名すら知らず、茶園町で床下浸水が起きているから、見に行ってくれと言われても、茶園町がどこにあるのか？途方にくれた記憶がある。障がい福祉課の仕事以外に、災害時には、全庁あげての仕事があることを学んだ。毎日が初めての経験の連続だった。大雨の被害調査が一段落した昼休みに、思いがけず「手話」と出会う。

地階の食堂で昼食をすませ、自分の席でくつろいでいると、工員姿の女性たちが五～六人、私の職場の受付に近づいてきた。でも、おしゃべりの声が聞こえない。手指をさかんに動かして、何やら相手としゃべっている。さらに、彼女たちの手指の動きと並行して、表情の豊かさと言うか、刻々と変化を続ける心情の動きが、顔を見ているだけで伝わってきた。

やがて、窓口対応に出た私と目線が合うと、歩み寄って来て、彼女たちのリーダー格と思われる一人が上着のポケットから小さな紙切れを、はにかみながら差し出した。受け取った紙には「国鉄、割引」とだけ書かれていた。

当時、障がい者手帳を持っていると、百キロ以上の旧国鉄運賃が五割引きになるが、役所の窓口で運賃割引証の交付を受けて、それを駅の切符売場に提出する必要があった。

彼女たちが着用の上着に、働いている工場名のワッペンが縫い付けられていた。それとなく見ると「倉毛ユニゾン」と印字されていた。旧国鉄伊丹駅のすぐ東にある紡績工場だ。彼女たちの人数分の運賃割引証の手渡すと、恥ずかしそうに受け取り、背中を私に向けて廊下を進み、階段を降りて行った。この間、無音で、声なき対話だった。

その後、彼女たちの手指の会話が「手話」であることを上司から伝え聞いた。手指の動きだけで会話が出来ることに驚き、同時に不思議だなぁと感じた。二週間後の昼休み、再び彼女たちが窓口にやって来たが、顔を見ると別のグループだった。用件は同じ運賃割引証の発行かと思ったが、障がい者手帳の住所変更だった。当時の市役所は、旧国鉄伊丹駅から歩いて五分ほどの場所にあった。彼女たちは工場の昼休みに、わざわざ役所の窓口に来ていたのだ。

書式に新旧の住所を記入してもらい、そのとおり手帳の住所欄に転記するのだが、旧住所を見て驚いた。沖縄「ろう学校」の住所と寄宿舎の名称がゴム印で押されていた。一九七二年（昭和四十七）四月に沖縄は本土に復帰したため、沖縄出身者の住所変更の手続きが、役所窓口で増えていた。彼女たちは、沖縄女性の顔立ちで、当時、一世を風靡していたアイドル歌手の「南 沙織」に似ていた。少しだけ、手話で話ができたらいいなぁと考えた。それからと言うものの、昼休みになると、彼女たちの来庁を期待した。その思いが募り、どうしても手話を勉強したいと考えるようになっていた。手話を学ぶ動機は不純だった。

後年、彼女たちが聴覚を失った経緯を知った。沖縄の米軍基地の米兵たちが、本国で蔓延していた風疹のウィルスを沖縄に持ち込み、沖縄本島をはじめ、石垣島、宮古島などの島々にも感染が広がり、特に胎児感染は、聴覚や視覚に障害を残した。沖縄県の手話言語条例の前文の中ほどに、こうした悲劇のいきさつが刻まれている。

沖縄の「ろう学校」を卒業した彼女たちは、集団就職で伊丹の紡績工場にやってきた。

工場敷地内の寄宿舎で生活を送り、休日は神戸、大阪、京都などに出かけ、生まれ育った沖縄との格差を再認識したはずだ。当時の沖縄の那覇ですら、表通りは観光地だが、裏通りにまわると、バラックが建ち並び、戦争で荒廃した地域が続いていた。先の戦争で、沖縄県民の四人に一人が犠牲になった。その深い傷跡が島の各地に残っている。ろう者たちの沖縄戦は過酷で、終戦直後に生き残った「ろう者」は、わずか二十四名だった。

さて、皆さんは、手話を目にしたことがありますか？ ろう者の日常的な会話のときに用いている言語だ。今では、首相や内閣官房長官の記者会見のとき、横に手話通訳者が立っている。ＮＨＫの手話ニュースのキャスターが、その日の出来事や天気予報などを手話で伝えている。

私が手話と出会った五〇年前と比べると、手話を見たことがないと人は、むしろ少数と言っても過言ではない。

ひるがえって、五〇年前の伊丹で、手話を学ぶ場所はなかった。手話サークルすらなかった。あちこちに問い合わせをした結果、西宮の勤労会館で手話サークルが活動していることが分かった。「話の会」という名称で、代表者の女性の名前は、私と同じ藤井さんだった。スラッとした四〇代の女性で、長い黒髪を後頭部で一本に結んでいた。快活な人で、いつもＧパン姿。メンバーは十二人ほど。地元西宮のろう者、会社員、主婦、学生、西宮市役所職員の土師さんがいた。彼は私と同じ公務員のためか、何かと面倒をみてくれた。

「話の会」の活動は、毎週土曜の夜なので、毎回通うことができた。講師は神戸市役所で手話通訳の仕事をしている頂 ヒナ子さん。「話の会」では日本語を話すことが禁止されていて、すべて手話で話すルールがあった。

当時は、ろう者が車の運転免許を取得するための運動を全日本ろうあ連盟が呼びかけ、全国で広がっていた。頂さんがその動静を手話で説明。その手話を読み取り、一人ひとりが感想や自分の意見を手話で語った。

そして「ろう者運動とろう者問題」について書かれた本を渡され、時間があれば読んでおくように言われた。もちろん、活動日に、本に書かれていた内容を手話で伝えるための宿題だ。

手話の初歩から、丁寧に教えてくれるものと考えていたが、いきなり、手話の熟達者の中で、もまれることになり、戸惑った。でも、弱音を吐く暇はない。必死に食らい付いた。半年が経った頃、手話の語尾、疑問を表す手話表現、逆説を示す手話など、手話表現の流れを構成する単語のようなものが目に止まるようになってきた。

そう言えば英会話も、最初は何を言っているのか、発音すら聞き分けることが出来ないが、慣れてくると、会話の雰囲気が、何となく分かるようになり、さらに上達すると、英語の単語の発音と「間」のようなもの、つまり呼吸をするための区切りが聞き分けられるようになる。

うまく表現できないが、言葉と言葉が次々と流れるため、それらを掴み取るのではなく、発言の脈絡と息継ぎようなものが聞き分ける感覚が研ぎ澄まされることが求められる。すると、何を言わんとしているかの予測が付く。その予測が的中すれば、相手が発言しようとする単語や語句（フレーズ）が、次々と頭に浮かぶ。

手話の読み取りも、似たような感覚があり、相手が手話で何を話そうとしているかの予測が付けば、手話表現の流れる方向が分かり、先の動き、つまり、そのまま流れるのか、逆流するかの予想が付く。個々の手話表現に目を奪われ、全体像がつかめないと、正しい手話の読み取りができない。もちろん、相手の手話表現の癖、生育歴、思想傾向、職歴、家族構成、信仰宗教、趣味、そして音声語の語彙数を、どれだけ身に付けているかの要素は不可欠だ。

ろう者が、耳の聞こえる人の手話（日本語対応手話、あるいは手指日本語で、人工的な手話）を読み取るとき、個々の手話表現をつなぎ合わせ、その人が語ろうとしている手話の全体像を予測している。だから、耳の聞こえる人たちが使う手話は、むずかしい上に「骨が折れる」という話を耳にする。

一方、ろう者が母語としている日本手話を、耳がきこえる人が読み取りをするときは、日本語の語順や文法が当てはまらないため、苦労する。もちろん、耳がきこえる人が日本手話の表現を習得するのは、さらに困難がともなう。

手話とは、かなり手ごわい言語だということをみなさん伝えたい。

「古池や　蛙　飛び込む　水の音」という俳句をご存知だと思う。松尾芭蕉が詠んだ一句だが、これを手話で表現すると、どうなるか？

経験の浅い手話通訳者は～古い池　蛙　飛び込む　水の音～と、日本語の語順に沿って、手話に置き換えて表現するだろう。

一方、ベテランの手話通訳者が登場すると、ガラリと雰囲気が変わる。古池とは、古い池と訳するのではなく、空に浮かぶ雲、その雲から落下する雨つぶ、その雨つぶが集まり溜まった場所と手話で表す。水の循環と、その水がたたずむ様をイメージできる手話表現に腐心する。

次に、その水から生命が誕生し、成長し、子孫を残し、やがて死を迎える一連の営みが、カエルだと表現する。蛙は生命の循環そのものと手話で表す。蛙の身体は流線型であるため、水の抵抗はなく「チャポン」という音すら発しないのが、生物学者たちの見解。この俳句の水の音とは、時間で、時間の広がりを波紋で表しているのだと手話で表現する。

手話朗読劇の名手と評された北野孝一（終戦直後の大阪市立聾唖学校に採用された「ろう者」の美術科教師）が、最も得意とした演目に「耳なし芳一」がある。手話朗読劇とは、すぐれた文学作品を、声なき手話で語り綴るもので、放課後の教室で演じられた。いつも教室は満席で、生徒たちは、食い入るように北野の手話朗読劇を楽しんだ。

その「耳なし芳一」を、私は鑑賞したことがあった。そのとき、北野はかなり高齢だったので、ご本人了解の上でビデオ録画した。今、そのビデオを視聴することがあるが、北野の手話は、今の手話が失ったと言われている品格と美しさにあふれている。

さて、この手話朗読劇「耳なし芳一」の手話を読み取るとき、小泉八雲の原作本を読みこなしていなければ、手話の読み取りは、不完全なものになる。例えば、北野が「やんごとなき人々が」と手話表現したとき、天皇、貴族、それとも高貴な人々・・・と音訳してしまえば、作品の趣がガラリと変わり、駄作に聞こえてしまう。「やんごとなき」と音訳することで、その場に手話が分からない人がいても、鑑賞に値する価値が生まれ、さらに、作者の小泉八雲が筆を走らせている姿が、行間（手話と手話の「間」）から見える。手話通訳者は、日本語の話し言葉を手話に訳すると同時に、ろう者の母語である手話表現を、話し言葉に音訳する仕事もしている。

経験の浅い手話通訳者と、ベテランの手話通訳者には、歴然の違いがある。手話通訳の技量や表現力の違いに加え、日本文化や俳句の知識、生物学などの幅広い教養を身に付けているかの違いがある。国際会議や政府間の外交交渉など、公的な場所における同時通訳者と同じ能力を、手話通訳者は兼ね備えていると言って過言ではない。

にもかかわらず、日本における手話通訳者に対する社会の認識は低く、公的な保障は一切ない。手話通訳に対する対価は、ほとんどなく、ボランティア活動の一環だから無報酬は当たり前だという考え方が支配的だ。

手話通訳にともなう頚腕症候群の発症すら、労災が認められるケースは稀である。こうした問題があるにもかかわらず、関係者の声は小さい。沈黙を守り続けていると書くと、叩かれる。あらためて手話通訳者は、記者会見の添え物ではない。

手話誕生物語

手話がどのようにして生まれ、そして発展し普及したのか？この疑問の答えをさぐるには、誰もがタイムマシンが必要だと考えるだろう。

しかし、今から約四十三年前に、北米大陸と南米大陸をむすぶ中南米の、ニカラグアという国で、その手がかりが見つかった。

ニカラグアの面積は約十三万平方キロメートルで、北海道と九州を合わせた広さがある。人口は約六六二万人。言語はスペイン語。主要産業は農牧業で、コーヒー、牛肉、豆、砂糖、乳製品で、金の鉱石を産出する。一九七九年（昭和五十四年）

に、ニカラグアでは、長く続いた独裁政権が倒れ、新しい民主主義政権が誕生した。新しい政権は全国各地に学校を作り、国民の教育に力を注いだ。やがて、ろう者のための職業訓練学校が作られ、それまで各地で孤立していた十代前半の若い「ろう者たち」が、首都のマナグアに集まって来た。彼らは、それぞれの家族内で自然発生的に生じたジェスチャー（ホームサイン―家庭内身振り）を持ち寄ってきた。それらは単純なジェスチャーに過ぎず、一つの身振りが、一つの発想全体を表していた。例えば、お腹をさわると「私はお腹がすいている」と。

問題はここからである。私は空腹だと表現するとき、ろう者Aは、お腹をさわるが、ろう者Bは口を指で指す。ろう者Cは、食べる動作を模倣するといったように、バラバラで十人十色だった。お互いのホームサインが通じなかった。このとき、ろう者のための職業訓練学校は、東西冷戦の終結前の東ドイツの支援を受けて運営していたが、東ドイツの教師たちは「お手上げだ」という言葉を残して、本国に引揚げた。

しかし、見る見るうちに、彼らのホームサインに変化が起きた。しだいに個々のホームサインの違いが目立たなくなり、ホームサインに共通性が見られるようになった。

さらに、ホームサインの共通化が進むと、今度はホームサインとホームサインをつなぐ規則、すなわち「文法体系」が、ごく自然発生的に生まれたのだ。こうした過程は、言語学で次のように説明されている。

ヨーロッパが大航海時代を迎えると、スペインやポルトガルの商人たちが海の彼方にある島々に上陸し、やがて通商を始める。次に原住民を雇用して、農地や鉱山などの開発に着手すると、お互いの異なる言葉のため、混乱が起きる。やがて言葉に変化が起きる。例えば、スペイン語が理解できない原住民から、スペイン語と原住民の言語が混合した片言の言葉が生まれ、その混合語が双方のコミュニケーションを仲介し始める。次の世代になると、その混合語に文法のようなものが出来て、さらに語彙が増え、より複雑な会話が可能となり、どちらかの言語の影響を受けた文字が作られる。

別の事例を紹介する。米国における黒人差別の問題は、かつての奴隷制の歴史にあるが、言語に着目すると、次のような出来事が起きた。

アフリカ西海岸に面した地域や内陸部に暮らす各部族の黒人たちは、米国南部の綿花栽培を支える労働力（奴隷）として、大西洋を渡った歴史がある。言葉の通じない人たちが集まり、共同作業を行うとなると、それぞれの言葉を一から学ぶ時間がない。すると、当座しのぎの言語、つまり混合語を作るしかないとなる。混合語が広がるが、その一方で綿花農場主や監視者の言葉（南部なまりの英語）もある。作業のときに、農場主らが発する言葉を借用した混合語が手っ取り早いことに気づく。つまり、黒人たちの混合語に加え、急場しのぎに作られた混合語が生まれるが、語順の変化は日常茶飯事で、文法もない、単純な言葉になってしまう。

ところが、次の世代、つまり、東アフリカから大西洋を渡った黒人奴隷の子どもたちは、断片的な単語の連なりを真似するだけでは満足せず、複雑な文法を織り込んで、表現力に富んだ新しい言語を作り上げた。

太平洋戦争時、米軍は太平洋に浮かぶソロモン諸島を足がかりに、日本本土に迫る。このとき、米兵の言葉と、島民の言葉の混合語が生まれる。「ハブァ、ハブァ（急げ、急げ）」だ。戦争の終結により、次の世代に継承できなかったため、先に進化しなかった。つまり異なる言語を持つ人間たちの接触によって、急場しのぎの混合語が生まれ、さらに世代を積み重ねることで、その言語の完成度が高まる――。まさに言語は生き物だ。

ちょっと横道にそれたが、こうした言語に共通した変化が、ニカラグア「ろう者」の手話でも起きた。ニカラグアのろう者のための職業訓練校で学んだ十代前半の若い「ろう者たち」が卒業する前に、年少の「ろう児たち」が入学し、寄宿舎で寝食を共にすると、やがて共通化が進んだホームサインへの大きな変化が起きた。かつての東アフリカの奴隷たちが作り上げた混合語と、その後の世代に起きた、より高度な言語誕生に似た現象の符合である。

ろう者たちの職業訓練校を卒業した「ろう者たち」は、訓練校の周辺で職に就き、暮らし続ける。するとろう者たちのコミュニティー（社会的集団）が形成され、かつてのホームサインがローカル（地域）サインに発展し、短い時間で、ニカラグア全土で使われるナショナルサイン、つまりニカラグア手話が誕生したのである。

この言語的な進化は、人間の脳内に内在する言語中枢のなせる業（わざ）だと言うことが、脳を解明する研究で分かり、ヒトが本来持っている能力のひとつだと考えられている。

ニカラグアで起きたことが、日本では明治初期の京都、大阪、そして東京の聾唖学校で起きた。

各聾唖学校に入学した「ろう児たち」が、教室や寄宿舎に持ち込んだホームサインは、ニカラグアと同様に、十人十色のバラバラだったはず。それが、時間の経過とともに共通化が進み、聾唖学校の教師が示す手話の体系化の影響を受けて、さらに共有化が進み、新入生の入学や入寮がくり返されることで、複雑で精緻な文法構造を持った手話を作り出した。それを目の当たりした教師たちが、地方に作られた聾唖学校に転任すると、地元のろう児に伝播。さらに、地域独自の文化を吸収することで、手話の方言化が進んだと考える。

一例として季節の春を手話で表現すると、東北地方の手話は厚手のオーバーコートを脱ぐ「しぐさ」で表現。西日本は温風ヒーターから出る暖かい空気（風）で表す。

また、火曜日を表す手話は、鹿児島では両手の肘を外に向けて、人々をかき分ける動きをする。昭和三〇年代後半、テレビでプロレス中継が始まった。当時のテレビは高価な上に、普及率も低かった。そんな世相を反映して、街の広場に街頭テレビが置かれた。人々は街頭テレビの前に群がり「押すな押すな」の大混乱。そんな状況でも、プロレス中継が観たい人は、両肘を外に向けて、人々をかき分けて、テレビの前に陣取った。そのプロレス中継が毎週「火曜」だったことから、両肘を外に突き出して、人々をかき分け、無理に前に進む動作が、鹿児島では「火曜」の手話になった。こうした事例は、全国各地にそれぞれある。私たちがテレビで、首相や官房長官、皇室の記者会見のとき、手話通訳者も画面に映るが、考えてみると、東京で使われている手話表現（方言）を見ていることになる。

ところで、京都相国寺に残る日誌「鹿苑日録」を読んでいると、慶長二年（一五九七）四月二十六日の記述に、誌面をめくる手が止まった。この鹿苑日録の原本は、関東大震災で焼失。ところが、一八八七年（明治二〇年）に、東京帝国大学の史料編纂所が写本を作成していたため、焼失を免れたという経緯がある。のちに東京帝国大学の歴史学者の辻 善之助が六巻に再編纂して出版。

「鹿苑院」は、室町幕府三代将軍の足利義満が、祖先の追善と戦陣で死没した人々の回向のために建立した。その「鹿苑院」の痛んだ箇所の作事に、数人の聾唖の木挽き職人たちが参集したと記されている。中国から伝来した「大鋸（おが）」という縦挽きの大型鋸（のこぎり）は、二人かがりの重労働。製材された木材は、さらに大工が、鑿（のみ）や鉋（かんな）で建築材に加工する。オガクズという言葉があるが、木挽き職人が大鋸で挽いた木材のカスが語源だとする説がある。

当時は、経済活動が盛んになり、建築技術が進歩し、神社仏閣、商家、橋、武家の書院造りなどがブームになり、ヒノキなどの無秩序な伐採が各地の山林で横行。その結果、製材できる樹木が減少。これを取り締まる制度が生まれたが、効果は出なかった。そんなとき、大鋸が登場すると、それまで製材に適さない樹木でも、思い通りに製材できるようになり、その大鋸を扱う職能集団が生まれた。京都相国寺の住職が代々書き綴ってきた日誌「鹿苑日録」に、ろう者の木挽き職人たちがいたことが記されている。驚きである。室町時代に限らず、歴史を生きた障がい者は「施し」を受ける対象だった。ところが、木挽きの職能集団が生まれ、そこで労働の対価を得ていたのだ。ろう者の木挽き職人たちの労働の痕跡が、その後の調査で見えてきた。痕跡の範囲は、瀬戸内の伊予から、京都を経由して、鎌倉の片瀬浜に及んでいる。

当然、聾唖の木挽き職人たちは、手話でコミュニケーションをしていたはずだ。さらに、施主や大工方の中に、手話通訳ができる人物がいたと、私は考えている。でなければ、製材樹木の種類の選定、例えば、次の製材はヒノキ、スギ、ケヤキ、サクラにしてくれと指示したり、寸法の細かい指示、又、数量などを手話でしていたはずだ。高価な紙を使う筆談、薄い板面や地面に図面を描く手もあるが、屋外作業が多い建築現場では実用的ではない。さらに、当時の識字率の低さもある。

テレビ時代劇「暴れん坊将軍」は、江戸幕府の八代将軍、徳川吉宗が主人公だが、その吉宗が活躍した享保年間（一七一六〜一七三六）の大坂、道頓堀の芝居小屋にかかる人形浄瑠璃は、黒山の人だかりでにぎわっていた。

さて、江戸時代の寺子屋の実相を調べた東京文理科大学教授の乙竹岩造は「享保年間における庶民童蒙教育の勃興は、戯曲の上にも表徴されている」と記し、享保八年(一七二三)人形浄瑠璃の作家、竹田出雲が書き下ろした「右大将鎌倉実記」に寺子屋が登場していると述べている〜立ち出ずる碁の相手は、上の町の寺子屋〜と。

さらに、享保十二年(一七二七)八月、竹田出雲が書き上げた「三荘大夫五人嬢」では、四人目の娘「およつ」が聾唖であるが、三人目の娘「おさん」が、仕形(手話)で通訳をする姿や、手習いを教えるありさまを描いている。乙竹は、観客たちは「およつ」と「おさん」が取り組む手習いを、しんみりと聴き、むしろ望ましき聾唖教育の実現を心に描いたはずだとむすんでいる。さらに「言うまでもなく三荘大夫五人嬢」は戯曲に過ぎないが、天保年間の寺子屋において、盲聾唖児に対する教育の可能性の試みに示唆を与えたと考えられるとしている。

その場面のセリフは次のとおり

おさん「そんなこっちやござんせぬ。ふだん、傍に付き添ふて、あっちの用事も、こっちの用も、互いに仕形ですまし合ふ。」

おつぎ(次女)「唐人の通詞より、気骨の折れる。およつ、よふ挨拶しやった。父親もお達者。そなたも、まめでめでたいの」

おさん「おつぎ様、それが聞こえるものかいの。わし(おさん)が仕形で通詞しよ。」

おさん「今言はんしたとおり、父親や、およつが達者でめでたいと言う仕形。(中略)人の言ふこと、我言ふこと、仕形で済ます、発明者眉目も形も兄弟中の惣一。」

さて「仕形」とは、身ぶり、しぐさ、手ぶりや身のこなしで表現するという意味があるが、いつから使われていたのかをさぐると、次のとおり。

今から四〇〇年前の日本語を収録した「日葡辞書(Vocabulario da Lingoa de Iapam)」は、ポルトガルの宣教師たちが、母国から持ち込んだ金属活字印刷機によって出版した辞書。一六〇三年から翌年にかけて印刷製本された。約三万二千語の日本語の発音と意味と用例を記している。布教活動に日本語の習得が必須であったためで、各地の方言や隠語まで収録されている。伊丹市立図書館に岩波書店刊の邦訳「日葡辞書」があるので、一ページずつ読み進めたが、仕形(方)の注釈を見つけることは出来なかった。

Asu(アス)唖子、唖者のことでVoxi(唖)に同じ。Asuno yumeuo mite catarazaruga gotoxi　唖子の夢を見て語らざるごとし(諺・・・物事を了解していながら、それを言い表すことができない)とある。

また、Mimixij(耳しい・・・耳の聞こえない者)、Nireo(ニロウ)耳聾、Teyo(手様・・・手の動作、手のしぐさ)、Teburi(手振り)、Tegamaxij(手がましい・・・手がじっとしていない人)があるが、中国から伝来した手話にあたる「手勢」「手語」の注釈はなかった。

明応六年(一四九七)から永禄五年(一五六二)に山陰の尼子家に仕えた武将の多胡辰敬が記した家訓に「仕形は、わらんべなどの間は知らず、猿楽めきていらぬ事也」。また、貞享四年(一六八八)に北条団水が執筆の「好色破邪顕正」には「狂言歌舞のたはぶれと思ひながらも、愁を仕形する時には、おのおの涙を流し」。享保三年(一七一八)、近松門左衛門の「博多小女郎波枕」では「こがいないことはあるまいと、仕形まじりの高話」とある。仕形とは、身ぶりと会話を併せ持つ言葉だ。

こうしたことから、現在の手話を表す「仕形」という言葉は、五二〇年前に、すでに使われていたと考えられる。その前後に、中国の宋、明で使われていた手話を表す漢字の「手勢」「手語」が伝来しているが、なぜか手勢と手語は使われることはなく、もっぱら「仕形」が使われ続けている。

ところで、江戸時代の寺子屋、三〇九〇ヶ所の中で、盲聾唖児らの入学を受け入れたのは二六六ヶ所あった。この数字に、乙竹は驚いている。さらに幕末になると、柳沢文渓という聾の師匠がいたことを知る人は少ない。

幕末になると、多くの外国人が来日している。米国の宣教師で外科医のジェームス・カーティス・ヘボンは、当時の日本語を英訳した「和英語林集成」という辞書を編纂した。人々が話す日本語を、発音どおりに記すために「ヘボン式ローマ字表記」まで作っている。江戸時代の人々が話す日本語の発音と意味を英語で説明する辞書だ。その中に「仕形」の項目があり「身ぶりで会話」とある。

関東大震災下で起きた「ろう者」惨殺

さて、今から三十四年前の話になるが、私は伊丹障害者問題学習資料という、B5版で二〇ページほどの小さな冊子を編集発刊していた。その二十二号の十七ページ下段に「関東大震災とろうあ者虐殺」という見出しの拙文を掲載したことがある。当時はシャープ製の「書院」というワープロ専用機を使っていた。

このネタ元は、戦前の大阪市立聾唖学校で教員をしていた中川俊夫氏からの証言の聞き取りだ。このとき、それまでの声の調子とは異なる重い語り口調に変わり、私の顔をじっと見て語ってくれたので、今でも忘れることはない。

中川氏は「東京で大きな地震があったことは、新聞などで知っていたが、ある日、職員室で高橋校長が、教職員を集めて、官立東京聾唖学校の生徒たちが、自警団と憲兵らによって、惨殺された」という話をしてくれたと。

その場にいた教師らは、自分の耳を疑ったが、校長は「まぎれもない事実だ」と静かに付け加えた。ろう者教師の藤本や大家らは、深いため息のあと、涙を浮かべ、職員室の窓の外を見たり、天井を見つめていた。その後、東京聾唖学校の知り合いの教師から届いた、仔細を書き綴った手紙を全員に回覧した。悲痛な雰囲気だったので、中川氏の記憶に刻まれたと語ってくれた。

今から三十四年前（一九八九年）の八月二十六日、神戸電鉄「西鈴蘭台駅」の改札口を出ると、私は神戸市北区鳴子という地名表示をたよりに、山の急斜面に建てられた有料老人ホームをめざした。正面玄関のロビーで、中川氏は出迎えてくれた。妻との二人暮らしの部屋に案内された。日当たりのよいリビングの大きな机を前にして、中川氏の話に耳を傾けた。聞き取りは昼食をはさんで約六時間に及んだ。その証言の聞き取り時に、関東大震災下の「ろう者惨殺」の記憶がよみがえったのだ。重苦しい雰囲気になったが、この日の夜、沖縄のろう学校に通う高校球児が、ろう学校は参加できないという規約に、一度は阻まれるがその後、球児と関係者たちの努力で、理不尽な規約が改正され、夏の甲子園をめざすという感動のテレビドラマが放映されるという話題になり、次の証言聞き取りを再開した。

窓の外を眺めると、西の空は夕焼け。長時間にわたる証言聞き取りは完了。中川氏は「西鈴蘭駅」まで見送ってくれた。駅近くに「ろう者夫婦」が営む理容店があり、中川氏が店内の理容師に手話で話しかけると、店の外に出てきて、流暢に手を動かして応えていた。中川氏の手話は、無駄な動きがなく、枯れ山水のような雰囲気があった。

中川氏は明治三十八年（一九〇五）の大阪生まれ。大阪市立聾唖学校の事務の仕事から、高橋校長に見込まれて教員に転職した。先輩教員から手話をおぼえるように助言を受け、三ヶ月ばかり、聾唖学校の寄宿舎に泊まり込み、生徒たちから手話を学んだ。

昭和十年（一九三五）に、関係者たちの悲願だった「聾唖年鑑」の編集スタッフに選ばれ、スポーツ関係の編集を担当した。当時の大阪市立聾唖学校は、校長の高橋潔、教頭の大曽根源助、そして藤井東洋男らの名物教師らがいた。さらに「ろう者教員」の藤本敏文、福島彦次郎、大家善一郎、大家善三郎の兄弟、藤井つや、廣間ひで、らがいた。美術を教えていた藤井東洋男は、その教育成果を発表すべく「手話劇」を創設。この手話劇は「車座」という劇団に継承され、発展していく。手話劇は学外で定期公演されたため、社会に手話の存在を知らしめ、同時に、ろう学校卒業生たちの拠りどころになっていく。中川氏は、舞台装置や衣装作りで夜遅くまで手伝わされたと回想していた。

戦後、中川氏は大阪市立聾唖学校を退職。伊丹市柏木町に暮らしながら、大阪市聴力障がい者協会に勤務。昭和四十五年（一九七〇）の大阪万博のとき、総合案内所で手話通訳の責任者を務め、コンパニオンたちに手話を教えた。

大正十二年（一九二三）九月一日、関東地方は大地震に襲われた。甚大な被害をもたらし、尊い人命が失われた。ところが、そのとき、ろう者たちが朝鮮人に誤認されて惨殺されたという、信じられない出来事が起きていたのだ。その出来事を裏付ける文字記録、あるいは非文字記録（絵画や映像）を見つけなければと、心に刻んだ。だが、時間とは残酷なもので、三十四年の歳月が流れた。

コロナ禍で、不要不急の外出がはばかられる昨今だが、私は関東大震災下で起きた「ろうあ者惨殺」の史実を記載した史料の渉猟を、細々と続けていた。

あらためてネット検索のやり方に、磨きをかけて、国立国会図書館、公文書館、各大学そして各自治体の図書館など、およそ考えられる場所の蔵書検索を続けていたが、ヒットしなかった。

あらためて、史料検索の方法を考え直した。

関東大震災下、ろうあ者が虐殺されたということは、一部の、さらに、さらに一部の限られた関係者が知り得ていることだ。だから、通常の蔵書検索の網にかからないはずだと考えた。

関東大震災時、被災地域に暮らす多くの朝鮮人や中国人が、自警団の手で虐殺されている。その中に、ろうあ者が含まれてはいないのか？つまり、震災時の虐殺に巻き込まれた可能性が高いのではないかと考えた。ならば、当時の新聞紙面に、何か手がかりがないかと考えた。

そこで、震災の新聞報道をまとめた書籍の有無を検索した。パソコンで大阪府立中央図書館の蔵書検索をしていたとき、私の手が止まった。「おっ、ここに、あるやん」と声が出た。気がつけば車を走らせていた。

大阪府立中央図書館は、東大阪市役所のすぐ北にある。普段は地下鉄を乗り継いで行くが、コロナ禍で人との接触を可能な限り回避するため、車を走らせた。自宅を出ると五合橋線を南下、国道二号線を東に走り、大阪市内に入り、土佐掘通から上町筋に出て、大阪城を見ながら法円坂の阪神高速下の側道から生駒山をめざした。

東大阪市役所は、地上二十二階の高層建築物。空にそびえる建物だから、それを目印にして車を走らせた。自宅を出て一時間余りで図書館地下駐車場に到着した。一階のレファレンスで「関東大震災の新聞報道史料」の開架場所を尋ねると、カタカタと窓口の端末を操作。「四階の、日本史のところです」と答えてくれたかと思うと「しばらくお待ちください」と声をかけ、席をはずして姿を消した。数十秒後、白い紙を持って戻ってきた。それは開架書庫の場所と記号が印字された伝票だった。それを受け取り、エレベーターで四階に上がった。受け取った伝票を見ながら、書庫をめざした。大阪府立中央図書館は、とにかく広い。蔵書数は二百万冊で、西日本一を誇る。

前置きが長くなったが、求める書籍を見つけた。開架書庫の最下段に並んでいた。腰をかがめ、背表紙を確認した。「関東大震災朝鮮人虐殺問題関係史料Ⅴ〜朝鮮人虐殺関連新聞報道史料〜」全四巻・別巻一とある。編者は山田昭次氏で、立教大学名誉教授だ。

閲覧席に計五冊を運び、一ページずつ丁寧に読み進めた。第二巻の二三七ページ上段に目が止まった。三十四年前に、中川氏の「関東大震災時に、ろうあ者が虐殺された」という証言は、この記事で裏づけられた。

ここで、読者のみなさんに、あらためて関東大震災下の東京とその周辺で何が起きていたかを概説する。

大正十二年(一九二三)九月一日午前十一時五十八分、大激震が関東一帯を襲った。世に言う「関東大震災」。死者および行方不明者は十一万人、負傷者六万人、被災者は三百五十万人に達した。空前の大震災となった。一府六県(東京府、神奈川県、千葉県、埼玉県、静岡県、茨城県、山梨県)を潰滅させた。震源地は相模湾北西部、震度は七・九。中央気象台の地震計の針がとび、東京帝国大学の地震計だけが記録を続けた。建物の倒壊と同時に火災が発生。被害はさらに拡大した。

火災で発生する煙で、昼であるのに、夕方のように暗い。それが余計に人心を暗くし、不安をあおる。雨がぼつぼつ落ちてくる。すぐ夜が来た。電灯のない大路には、警戒の人たちの白刃がキラキラしている。

そんな暗闇を太い針でつき刺すように、ブスン、ブスンと銃声が響く。そして「朝鮮人が放火している、井戸に毒薬を投げ込んだ」「強震来襲」の流言が次々襲ってくる。人々は、そのデマを信じ始めた。在郷軍人を中心に自警団が組織され、日本刀、竹やり、鳶口などで武装し、街の要所に陣取り、朝鮮人狩りを始めた。各所に検問所が作られた。在郷軍人、青年団などによって自警団が作られた。

見かけない人物を呼び止めると「十五円五十銭と言ってみろ」「パピプペポと言ってみろ」と声をかけた。「ジュウゴエンゴジュセン」「パピプペポ」と答えると、自警団は「よしっ」と言って包囲を解き、その場を立ち去った。こうした自警団の奇妙な行為に、人々はその意図が理解できなかったが、やがて、その意味を理解する。なぜなら、朝鮮人は日本語の濁音や拗音が正確に発音できず、その人が日本人か朝鮮人であるかを見分けるために、この言葉を使用した。こうして殺害され犠牲となった朝鮮人らの人数は六千人と言われているが、正確な数字は、未だに明らかになっていない。

問題は、ここからである。

自警団によって、朝鮮人らに間違えられて殺害された「ろうあ者」が、多数いた史実が、歴史の闇の中で朽ち果てようとしている。これに関する調査研究は皆無に近い。

東京聾唖学校の生徒や卒業生が、次々と自警団によって殺害されたという話が、数日後、大阪の中川氏の耳に入った。大阪聾唖学校の教職員が受けた衝撃は大きかった。

当時の官立「東京聾唖学校」は、小石川（現在の文京区）に、校舎と寄宿舎があった。敷地面積は約一九〇〇〇平方メートル。甲子園球場の敷地面積に近い広さがあった。震災の被害は女子寄宿舎の屋根瓦のほとんどが落ち、壁が大きく破損。男子寄宿舎は大きく傾斜。しかし、校舎の被害がなく、校内に約五百人の避難者が、周辺地域から駆け込んだ。授業は十一月中頃まで休止となった。

震災から四日後、東京聾唖学校に驚愕の一報が入る。在学生が警戒中の憲兵に呼び止められ、言葉が通じないことから、朝鮮人と間違えられて銃剣で刺し殺されたとのこと。

校長の小西信八（のぶはち）は、急ぎ在校（勤）証明書を作り、通学生や寄宿生の生徒全員と、ろう者の教師たちに配布したとある。証明書は、先ず氏名と生年月日が書かれ「右の者は間違いなく聾唖者であることを証明する。大正十二年九月五日　官立東京聾唖学校　校長　小西信八」と記された。

さらに、主席教師を拝命していた石川倉次（日本式点字の開発者）は、百名余りの生徒に「聾唖印章」の着用を伝えた。この聾唖印章がどんなものか不明だが、木札のようなものだと考えている。

震災時、東京の人口は約三百七十万人。ろう者は約一万三千人いたと推定。当時、聾唖学校の就学率は約一〇パーセントだった。義務教育化されたのは、戦後の三年後だった。街には無就学の「ろうあ者」が一万二千人近くいたことになる。日本語の発声発話が困難な「ろう者」たちは、朝鮮人に誤認され、自警団に殺害されたはずだ。外見では、耳がきこえないことが分からない。犠牲者の中に、どれだけの「ろう者」がいたのか。その正確な数字は、今も把握できない。

関東大震災直後の東京や横浜などで、日本語がうまく発音できない朝鮮人、中国人、沖縄出身の人たち、讃岐の薬行商の人たち（福田村事件）が犠牲になったが、その正確な数字は明らかになっていない。

関東大震災後のパニックの中で、幾多の悲劇が起きた。流言蜚語に惑わされた民衆による朝鮮人らの虐殺事件を取り上げた研究調査や文献はあるが、巻き添えになった「東京ろうあ学校」の生徒たちや卒業生、そして未就学の「ろうあ者」たちが、自警団によって虐殺されたことは、歴史の暗い闇に埋もれている。これに関する研究調査は、ほとんどない。

平素は実直な庶民であり、通俗道徳の実践者である民衆が、罪のない外国人と「ろうあ者」を多数なぶり殺したという史実がある。歴史の不幸な汚点だと片付けてはならない。この史実を見落としたり、見ようとしないことは許されないはずだ。当時の司法省がまとめた朝鮮人に誤認されて殺害された人々の記録がある。抜粋だが、左のとおり。

東京

震災翌日の九月二日の午後四時頃、東京府四谷九伝馬町で猟銃で射殺。

午後八時頃、東京府吾嬬町で棍棒で撲殺。

午後九時半頃、東京府荏原郡大井町で日本刀で左胸部及び肩押部を斬り殺害。

午後十時頃、東京府南葛飾郡葛西川で染織用巻棒で乱打殺害。

午後十時頃、東京府吾妻町亀戸で鉄棒で頭部を殴打して殺害。

午後十時頃、浅草区新谷町で日本刀で殺害。

時間不詳、品川町で鳶口で殺害。

横浜

二日午後十二時頃、川崎町で猟銃で殺害。

三日午前十時頃、茅ヶ崎で日本刀で殺害。

千葉

二日、時間不詳　浦安町で日本刀で殺害。

四日午前十時頃、成田町で手斧で殺害。

以下続く。殺害記録は、埼玉、群馬、茨城、福島に広がる。

自警団が形成される前提となる流言蜚語が、時間をおかずに拡大していたことがわかる。政府が戒厳令を発令したのが、九月二日午後六時だった。軍隊と警察が各地の要所に検問所を設置。それを受けて、自警団が組織された。

震災の三十五日後に発行された讀賣新聞の記事は、東京ろうあ学校の卒業生で、牛込区の家井義雄と報じている。九月六日、浅草からの帰途、夜警団に殺されたと、実父が学校に申し出たとあり、これ以外に全生徒の半数以上が生死不明と記事は伝えている。さらに、同校の同窓会誌によると、名前は家中義雄さんで、記事の表記は誤植だとしている。そして、震災直後、避難所にいた彼は背が高く、細身。そうした風貌が怪しまれたのか、避難したときから目をつけられ、朝鮮人に誤認され、自警団の日本刀で殺された。

また、同校の三浦浩教諭の証言によると、同校の一生徒が寄宿舎から買物のために外出。路上で警戒中の憲兵に呼び止められ、言葉が通じないため、朝鮮人に間違えられて銃剣で刺殺されたと語っている。

殺害された「ろうあ者」の中には、音話（発声発話と、口唇の動きの読み取り）は可能だったが、自警団らが要求する音声と発話は、当時の口話法教育によってもたらされる言語能力では不十分だったことを物語る。

この大震災を受け、大正天皇は、摂政名（昭和天皇が補佐）で「詔書」を発布している。世に言う「国民精神作興に関する詔書」のことである。

（以下はその抜粋）

今次ノ災禍甚大ニシテ文化ノ紹復国力ノ振興ハ皆国民ノ精神ニ待ツヲヤ是レ実ニ上下協戮振作更張ノ時ナリ　質実剛健ニ趨キ軽佻詭激ヲ矯メテ醇厚中正ニ帰シ人倫ヲ明ニシテ親和ヲ致シ　以テ国家ノ興隆ト民族ノ安栄社会ノ福祉トヲ図ルヘシ

大正十二年十一月十日

御名御璽　摂政名

明治維新以降、日本は「富国強兵」政策を推進し、忠良なる臣民の育成をめざしていたが、大正デモクラシィー、社会主義の台頭は、天皇を頂点とする国家主義思想と相容れないものだった。関東大震災後の社会的混乱の鎮静を目的に、この詔書が発布されたが、軽佻浮薄を激しい語調で戒め、質実剛健、醇厚中正を強調し、国体観念と国民道徳を鼓吹し、国民思想の統一強化こそが、国家と民族の繁栄をもたらすのだと、格調高い漢文体で綴られている。当時の支配層が何をもくろんでいたかを示している。この流れは、東京の復興計画の足をすくい、あの悲惨な戦争に突き進んで行く。

さて、関東大震災の翌年二月に発刊された「聾唖界二十九号」の巻頭に、この詔書の全文が掲載されている。発行者である当時のろうあ協会のコメントは記されていないが、続く紙面に、災禍で亡くなった「ろうあ者」への顔写真付きの追悼文、負傷者への見舞い文、さらに被災ろうあ者氏名と避難先の住所が記され、全国のろうあ団体から寄せられた義援金明細が掲載されている。当時の状況下で、これだけの項目を紙面に掲載していることに驚く。掲載にもれた人たちと項目もあるだろうが、当時の障がい者団体の動きを示す第一級史料だ。だが、自警団によって、ろうあ者が殺害されたという記述はない。意図的に書かなかったのか。それとも、書けなかったのか。

日本における郵便制度の父と評される前島密には、別の顔がある。明治維新直後に、日本初の盲ろうあ学校建設に尽力したことを知る人は少ないが、さらに、前島は漢字廃止論者だった。

前島が幕臣だった折に、将軍の徳川慶喜に漢字廃止を上申したことがあった。その後、前島に続く関係者たちが「中華文明から国風に転換すべし」と論じ、しばしば提起される政治問題だった。東京帝国大学国語教室の初代教授、上田万年（後に文部省専門学務局長で国語調査委員）は「我が国の国語界と文章界が、依然として支那風の下に、へたばり付いて居るとは、情けない次第であります」と激烈な口調で漢字排斥論を述べている。

そして国語の教科書は、日本語を発するために、カタカナ表記が採用されたのである。尋常小学校の国語の教科書は「サクラ　サイタ」と、発声を重視したカタカナ表記が採用され、ろう学校も例外ではなかった。ろう学校用教科書の嚆矢（こうし）となった「国語初歩」も、カタカナ表記を採用している。のちに上田万年は、日本語を「東洋全体の普通語」をめざすと宣言。こうした動きは、日本国内の中枢で通奏低音として流れ続け、やがて皇紀二千六百年を迎える一九四〇年（昭和十五）には「大東亜共栄圏語」として姿を現す。こうした国語教育の動きは、当時のろう学校と無縁ではなかった。手話法を廃止して「口話は皇話」「皇国の言葉の発音」を重視する口話法教育に大きく傾斜する波となった。

その前島密が、晩年に著した自伝「鴻爪（こうそう）」に、官立東京聾唖学校の校長、小西信八との間に取り交わした書簡が掲載されている。鴻爪とは、雪泥に印せる鴻（おおとり＝コウノトリ）の爪痕のことで、自伝の表題にした。

今から三年前、大阪市立中央図書館で、この「鴻爪」を手にとり、目を通した。小西信八が前島 密に送った書簡に「大正十二年六月、盲学校及び聾唖学校令公布。同年九月一日関東大震災。寄宿舎教室等の被害、少なからず。十一月十四日まで休業。十五日より授業を再開する」とある。震災の被害を受けた寄宿舎は、昭和三年末に新寄宿舎建て替え工事の落成式を執り行っている。

巨大津波と続発する余震

神奈川県小田原町の北、松田町付近の地下で最初の断層のすべりが起き、周囲の断層を滑らせ、一〇秒から十五秒後に三浦半島の地下で再び断層のすべりが発生した連続地震が「引き金」となった。その結果、東北・南西方向に約七〇キロの幅、北西・南東方向で約一三〇キロの長さという広範囲で断層が動き、これを地図上に落とすと、神奈川県全域と東京都の中南部、さらに千葉県の房総半島の南半分に及んだ。マグニチュードは、のちの計算で「七・九」と断定され、三〇%の家屋は倒壊し、地形さえも変わる激烈な揺れだった。

五分後には、高さ十二メートルの津波が静岡の熱海、伊東、下田、神奈川の鎌倉、そして海に浮かぶ大島を襲った。箱根の大洞山では山津波が発生し、山体崩壊が起きた。さらにマグニチュード七〜五・五クラスの余震が、九月二日、十一日、二十一日、十月一日に起きた。これが第一次の破壊で、その後に発生した火災が二次的な破壊を生み、火災煙で昼間でも夜のように暗く、やがて人々は不安を募らせ、それが群集心理に膨れ上がり、流言とデマが飛び交い、不幸な虐殺事件が発生した。

激震翌日の九月二日には、東京市と東京府五郡に戒厳令が施行され、四日には、戒厳令の適用が東京府全域と神奈川県に広げられた。陸軍は兵士計五万人を派遣。又、憲兵が出動して各地の治安警備を担当。海軍は、呉、佐世保、舞鶴の三鎮守府所属の艦艇計一五〇隻、乗組員三万人を動員し食糧と救援物資の運搬や、六万人の避難民の海上輸送に従事した。

一方、東京と横浜の各国公館にも被害は広がり、公使館二棟、総領事館七棟、領事館十六棟が全焼した。

京都の耳塚

これまで、関東大震災についての研究に加え、さまざまな書籍が発刊され、朝鮮人らの虐殺に関する資料があるが、ろう者殺害について言及は、皆無に等しい。京都の東山七条に「耳塚」がある。豊臣秀吉の文禄・慶長の役（一五九二〜一五九八年）で、戦功の証しとして朝鮮と明国の将兵や民衆の耳を、塩漬けにして持ち帰ったものを葬った塚のことである。江戸時代には朝鮮通信使が立ち寄り、ねんごろに供養したと伝えられている。

耳塚周辺の「玉垣」は、大正四年（一九一五）に東西の歌舞伎役者たちの寄進によって建てられ、発起人は京都の侠客で「伏見の勇山」と呼ばれた小畑岩次郎。

今から三十四前（一九八九年）九月、その耳塚の前で、私は一人の年老いた「ろう者」と出会う約束をしていた。京都ろうあ協会の発足に尽力し、初代会長を務め、全日本ろうあ連盟の幹事を二〇年の長きにわたり務めた明石欽造さんだ。耳塚近くの喫茶店に入り、コーヒーをすすりながら、昔の手話表現についての話を伺った。

時間が経つのは早いもので、気が付くと夕方になっていた。喫茶店を出ると、明石さんが耳塚を指さして、こう切り出した。「あの耳塚は、豊臣秀吉の蛮行を伝える史跡だが、関東大震災で犠牲になった、多くの「ろうあ者」たちの御霊を祀る塚でもある」と、熟達した手話で語ってくれた。

さらに明石さんは「秀吉は、朝鮮の耳がきこえる人たちの耳（命）を奪った。そして、次は耳のきこえない人たちの耳（命）を、関東大震災が奪い、戦時中は、統治下の朝鮮の耳のきこえない人たちに、日本の手話を強要し、朝鮮独自の手話の誕生と普及を阻んだ」と手話で語り、次に両手の手のひらを合わせ、耳塚に向かって静かに合掌された。

日本語の正しい発音発話が生死を分けた

今年は、関東大震災が起きて一〇〇年を迎える。当時は、ラジオ放送が始まっておらず、人々は同時多発的に起きた火災や被害状況、救援情報などに接していなかった。もちろん、地震の揺れで電柱が倒れ、電話線は切れ、通信そのものが断絶していた。

にもかかわらいず、流言やデマが、瞬く間に拡散し、日本語の濁音などの発音が苦手な朝鮮人をはじめ、中国人が殺害された。日本人と朝鮮人を識別するために使われたのが「十五円円五十銭」「パピプペポ」「教育勅語」「君が代の歌詞」「歴代天皇の名前」などの言葉の復唱だった。正しく発音できるかが生死を分けた。加えて、標準語の日本語が話せない沖縄、秋田、讃岐（千葉県福田村事件）などの地方出身者も、朝鮮人とみなされ惨殺された。

そして、日本語の発話に困難をかかえる「ろう者」が、朝鮮人と誤認され、惨殺された。関係者の中でも、この史実を知る人は少ない。なぜかと考えた。当時の口話法教育の関係者にとって、この出来事は語り継いではならないと認識され、あえて記録しなかったのではないかと考えている。

自警団の日本刀で殺害された家中義雄さんは、東京聾唖学校の卒業生で、貞明皇后（大正天皇の皇后）の前で、傑出した音話（口話）で弁論を披露した生徒だった。彼の音話は、憲兵や自警団が要求する発話レベルではなかったことを恐れ、口話法関係者が闇に葬ったのか。

伝書バトが拡散した選別の言葉

電柱や電話線が断絶し、道路の亀裂と陥没、橋梁が崩壊していたにもかかわらず、「十五円五〇銭」などの合言葉が、時間を要しないで被災地に拡散できたのはなぜかと長く考えていたが、史料の渉猟を進めた結果、軍隊の「伝書鳩」の存在にたどりついた。

震災当時、日本陸軍が東京中野で軍用伝書鳩を飼育研究をしていて、震災直後「臨時鳩隊」を編成。被災各所に連絡通信網をむすんでいた。この通信網は、東京各所をはじめ、日光の皇室御用邸、浦和、千葉、小田原、横須賀、鎌倉、遠くは仙台、岐阜の各務ヶ原、大阪を結んでいた。鳩たちは、専用の可動鳩車（トラベリングロフト）で搬送したとある。

今年、ようやく大手の新聞社（朝日と毎日）が、この震災時に惨殺された「ろう者」たちの史実を取り上げ、大きく報道したが、遅きに失した感がある。マスメディアの怠慢と、沈黙を糾弾したい。ジャーナリズムを振りかざす資格はない。

私立「日本聾話学校」の女児二人が自警団に襲われる

史料の渉猟を進めていると、意外なところから新事実の発見がある。ノエル・F・ブッシュという外国人記者が、関東大震災を体験した数百名の人々にインタビューを重ね、さらに広汎な調査に基づいて、四〇年の歳月を経てまとめあげたルポ「正午二分前」早川書房（一九六七年初版、二〇〇五年に修整・再編集の末に復刻）がある。

震災の体験者から聞き取った、当事者でなければ絶対に語りえない生々しい証言がつづられている。関東大震災のニュースが最初に世界に打電されたのは、東京からはるか遠く離れた福島県磐城の無電局だったという事実をはじめ、東京本社を焼失した朝日新聞の記者たちが、大阪で新聞を印刷するため、東海道線の線路に沿って徒歩で箱根越えを企てたこと。救援に向かった米軍の駆逐艦に対して、日本政府が退去を命じたこと。日本海軍の艦隊が定期演習中を理由に、救援活動を行わなかったことなど、日本側の行動に常軌を逸した振る舞いの数々があったことが記されている。さらに、関東大震災当時の内務大臣は、先の朝鮮総督府政務総監の水野錬太郎で、水野は朝鮮総督府時代、政治テロに遭遇し、危うく一命を落としかけている。水野が朝鮮で味わった恐怖が、朝鮮人虐殺を容認し、戒厳令の発布につながったと指摘している。もちろん、震災による通信網の途絶は、即座に流言蜚語を生み、数々の悲劇をもたらすことになった。

同書の一八九ページを引用すると、東京牛込にあった小さなキリスト教会内に、日本初の私立の聾話学校が作られた。生徒五名と教職員一〇名足らずの学校。現在、東京町田にある口話法教育専門の「日本聾話学校」だ。聾学校の表記ではなく、わざわざ「聾話」としている。

震災直後、この学校の児童二名が、自警団に取り囲まれ、日本語の発声と発話がたどたどしかったため、朝鮮人に間違えられ、殺害されそうになったことが記されている。この学校の創立者である米国人のヘレン・ライシャワー（二男が駐日大使を務めたエドウィン・O・ライシャワー）の証言が記されている。後に、この学校の教師で、校長を務めた人物が、震災時、罹災した「ろう者」たちを命がけで守ったことを知ることになる。

震災時、ろう者を命がけで守った人物

今年（二〇二三年）七月末、関東大震災の痕跡をさぐり、さらに史料の渉猟を兼ねて東京に向かった。新大阪から「のぞみ」の八十八号に乗車し、小田原を過ぎた頃に駅弁を食べ、東京駅に到着するやいなや、日比谷公園の南西端に建つ市政専門図書館をめざした。昼食は新幹線の中で済ませ、その分、調べものをする時間を稼いだ。都心のど真ん中の公園だが、多くの樹木で静寂に包まれ、酷暑の昼下がりだが、木陰は涼しく感じた。近くに帝国ホテルが見える。最寄りの駅は新橋だ。大きな交差点の角に交番があり、その北隣りが市政図書館だ。

市政図書館は、関東大震災時に東京市長を務めていた後藤新平が創設した財団法人の東京市政調査会（後に研究所）によって建てられた私立の図書館。後藤が「行政の科学化によって自治制の根本を培う」とした理念に共感した稀代の銀行家、安田善次郎からの巨額の寄付をもとに、関東大震災後の一九二九年（昭和四年）に竣工した。皇居に近いため、戦禍を免れ、現在は歴史的建造物として保全活用されている。

この市政図書館には、都市問題、地方自治、重点収集資料、統計、郷土資料、研究報告書、行政資料など、約十四万二千冊が蔵書がある。それらの中に、関東大震災時に、当時の東京市と周辺の自治体、内務省などの編纂物があると見込みを立て、一か八かの賭けで訪れた。入館は無料で、閲覧、貸出、複写、レファレンスなどが利用できる。

レファレンスで関東大震災関係の編纂物を検索した結果、二冊の書籍がヒットした。一冊は震災の翌年に東京府が編纂した「大正震災美績」。発刊は震災の翌年の八月だ。

もう一冊は内務省警保局がまとめた「大正十二年九月一日 震災後ニ於ケル警戒警備一班」。二冊の閲覧を申出ると、司書とおぼしき職員が、奥の書庫から運び出してきた。二冊を受け取ると、閲覧席で目を通した。大正震災美績を読んでいると、三〇四頁「聾唖の救済」の見出しが目に飛び込んできた。「震火災のために聾児の迷子も多かろうと、東京市社会教育課及び警視庁に出頭して、主として聾唖児救護にあたり、夜を徹して活動した。なお、自己の属する学校の聾唖児五十名及び職員の家庭にも多きは一日十五軒の訪問を重ねて不安除去のために努力し、又、自宅には聾唖の老婆を引き取って四ヶ月後の今日まで世話している。

しかも学校は一日も休むことなく規定の日限に開校始業し、東京市における教授の先鞭をつけた。」とあり、牛込区矢来町四番地　日本聾唖学校主事の村上求馬（四〇歳）とある。

一方、内務省警保局がまとめた「大正十二年九月一日　震災後ニ於ケル警戒警備一班」には、各地に作られた自警団数の掲載など、当時の内務省がとりまとめた項目が掲載されている。それによると、自警団数は、東京で一五九三、神奈川県で六〇三、埼玉で三〇〇、千葉県で三六六、茨城県で三三六、群馬県で四六九、栃木県で十九。合計すると三六八六件に達する。又、自警団は消防組、在郷軍人会、青年団で構成されているケースもあるが、必ずしもそうではなく、不統一な事例が多いと記している。

さて、震災下の東京で、ろう者たちを救済し、ろう学校の開校を成し遂げた村上求馬とは、どんな人物かを調べた。すると、意外な人物とつながった。今、七〇歳以上の人なら、アメリカの駐日大使を務めたライシャワー氏のことをご存知だろう。このライシャワー氏の妹、フェリシアさんが、先天性の「ろう」。胎児のときに、風疹ウィルスに感染したからだ。

この妹のために、宣教師をしていた両親が東京の牛込矢来町の教会内に「日本初の私立の聾話学校」を作り、震災が起きる半年前に、東京市から認可を受けていた。開校は、震災の当日だった。

むすびにかえて

「想いを走らせる手。そして生活を支える手。かけがえのない手がある。その手で生活の苦しみと、切実な要求を語る人たちが、私の近くにいる。その手で語る言葉こそ、手話と呼ばれ、目に見える話し言葉だ。その手話を学んで、彼らの声なき声を社会にとどけ、逆に耳のきこえる人たちの声を、彼らに返す仕事が手話通訳者の使命。

その手話通訳の仕事を公的に保障し、制度化しなければ、暗く苦しい時代に戻ってしまう。教育における口話、福祉における手話は、互いに否定しながら、矛盾しながら、相克と共生をくり返している。今こそ、前に進まないと、耳のきこえない人たちと、耳のきこえる人たちに、明るい未来はない。」これは、私が手話を学んだ二〇代の頃に、日記につづった拙文。五〇年を経た今、手話通訳の公的制度化は、不完全で未完のままだ。

今から一〇〇年前に起きた関東大震災も、阪神淡路大震災も、東日本大震災も、被災した人々は、心の準備をしていなかった。不意打ちを食らった。台風や戦争は、事前の動きが察知できるが、地震は「死と破壊」の予期ができない。瓦礫で覆い尽くされた現実を前に、虚飾を剥ぎ取られた人間と、ありのままの社会の姿を見つめることしかできない。問題は、その先である。いかにして復興に取り組むかである。関東大震災から数日後、東京の日比谷公園で、罹災した学童を集め、有志の教師たちによる青空教室が開かれた。この営みが、傷ついた社会を修復する小さな第一歩となった。

関東大震災下、日本語の発声発話に困難をともなう「ろう者」たちが、朝鮮人に誤認され、次々と惨殺された史実を、歴史の闇に葬ってはならない。歴史は過去の出来事の堆積物ではない。現在と未来の人々と社会の動きを映す「鏡」である。その鏡面がゆがんでいたら、正しい判断が出来ないだけでなく、誤った道を選んでしまうからだ。

参考文献
現代思想「総特集　ろう文化」　青土社
しゃべるヒト　菊澤律子他　文理閣
日本手話で学びたい　佐藤愛子他　ひつじ書房
手話を言語と言うのなら　森　壮也他　〃
正午二分前　ノエル・F・ブッシュ　早川書房
ライシャワー自伝　エドウィン・ライシャワー　文藝春秋
筑波大学附属聾学校同窓会史　一二〇年誌

関東大震災が起きた1923年（大正12年）9月 1日は土曜日だった。それから35日後に発行された讀賣新聞の記事。差別表現があるが、当時の歴史的認識状況を示すための歴史的用語として、そのまま掲載使用します。

読売新聞　大正12年10月5日

オシャツンボが澤山
自警團に殺傷
東京聾唖學校の生徒は
半數以上生死が判らぬ

自警団の暴行検挙は引続き行はれているが大震災の当初、夜警団員は殺気立つて居たせいか誰何されて返事の出来ない多数の聾唖者が随分傷害され半死半生の憂目にあつた現に牛込区矢来町一〇二の家井義雄（二二五五）は大正九年三月小石川指ヶ谷の東京聾唖学校の卒業生であるが先月六日浅草からの帰途夜警団に殺されたと実父から同校に申出て来た此の外同校在学の生徒で生死不明の者が全生徒数の約半数に及んで居ると云ふが其他一般の唖者の中にも半殺しにされた者が多数あるのは甚だ気の毒なことである

・10月5日

歴史の闇に葬られた手話と口話

～ 関東大震災下で起きた「ろう者」惨殺の史実を追う ～

2023 年 10 月 31 日発行

執筆者の藤井裕行について

1954 年(昭和 29)生まれ。元伊丹市役所職員で、手話を母語とする人々のコミュニケーション支援を続けて 50 年以上になる。2020 年 2 月、新型コロナの感染拡大でマスクの着用が社会の常識になると、それまで口の動きで日本語を読み取っていた「ろう者」は、さらに苦境の中に。その実情を社会に提起し、サポートするために明石・伊丹「ろう史と手話」研究会を立ち上げた。セミナーの企画と実施、会報(研究紀要)とニュースペーパーの編集発行、そして facebook で情報を発信している。

〒657-0051 神戸市灘区八幡町 4 丁目 9-22

公益財団法人 神戸学生青年センター

ISBN978-4-906460-69-4
C0036　￥600E
定価＝本体 600 円＋税

歴史の闇に葬られた手話と口話
関東大震災下で起きた「ろう者」惨殺の史実を追う

2023 年 10 月 31 日　発行
著者・藤井裕行
発行・神戸学生青年センター
〒657-0051 神戸市灘区八幡町 4-9-22
TEL 078-891-3018 FAX 078-891-3019
URL https://ksyc.jp/　e-mail　info@ksyc.jp
定価　本体価格 600 円＋税

ISBN978-4-906460-69-4 C0036 ¥600E